AF331460

Oise N° 17.

ÉTUDES ÉCONOMICO-POLITIQUES.

PROJET

DE

BANQUE HYPOTHÉCAIRE

PAR

LA MOBILISATION DE LA PROPRIÉTÉ FONCIÈRE,

PAR ISIDORE DEBRIE

Membre de plusieurs sociétés savantes ; Auteur des *Prolétaires*, ouvrage couronné par l'Académie de Mâcon au concours de 1845.

Plus d'intérêts !...
Des Billets de Banque pour rien !...

PARIS,

A la Propagande, rue des Bons-Enfans, n° 1.

—

1850.

PROJET

DE

BANQUE HYPOTHÉCAIRE

PAR

LA MOBILISATION DE LA PROPRIÉTÉ FONCIÈRE.

—————————◦—————————

Au nombre des besoins qui se font le plus sentir se place celui des institutions de crédit.

Déjà de nombreux projets ont été présentés au public, discutés par la presse; tous ont été jusqu'à présent écartés comme trop compliqués ou inexécutables dans la pratique.

Le nôtre sera-t-il mieux accueilli? Serons-nous plus heureux?

S'il est repoussé, cela ne sera pas du moins à cause de sa complication et des difficultés que pourrait présenter son exécution.

D'abord quelques considérations générales :

La démocratie se compose de la population des villes et de la population des champs.

Celle des villes est appelée à entrer la première dans la voie du progrès; mais malheur à elle si elle oubliait d'y appeler à sa suite, en l'aidant de ses efforts et de sa supériorité intellectuelle, la démocratie des champs.

A raison de son importance, la population agricole mérite, comme la population industrielle des villes, toute l'attention du gouvernement.

C'est la couche sociale où le plus souvent est née celle-ci, c'est la source où elle puise la sève et la vie.

La démocratie des villes, en travaillant à améliorer la condition de la population des campagnes, travaille donc à répandre l'aisance et le bonheur là où elle-même trouve son existence.

Dans les villes comme dans les campagnes, les souffrances des classes laborieuses procèdent de plusieurs causes; mais on peut signaler comme les motifs principaux de la gêne des petits cultivateurs et des fermiers des campagnes, la cherté des terres, et par suite l'élévation des fermages. L'usure complète leur misère : elle s'attaque à l'individu et le ronge jusqu'à sa ruine; et, par usure, nous entendons tous les profits que l'habitant des villes sait retirer des services financiers qu'il peut rendre.

Un emprunt hypothécaire de 500 fr. entraîne, d'après Champion-
nière, en frais d'actes, une dépense de.   14 » p. %
Commission à l'intermédiaire. . .   1 » p. %
Intérêt légal. . . . .   5 » p. %
Quinze jours de perte d'intérêts pendant le temps d'accomplissement des formalités , environ. . . . . . .   » ¼ p. %

Total. .   20 ¼ p. %

Soit plus de **100 fr.** à prélever sur les 500 fr.

L'emprunteur contracte une obligation de 500 fr. , ne touche que
400 fr. , et est forcé néanmoins de payer chaque année 25 fr. d'intérêts, c'est-à-dire un peu plus de 6 p. % de la somme de 400 fr. ,
réellement reçue au lieu de 500 fr.

Les emprunts sur billets, par la voie de l'escompte ou autrement,
ne reviennent pas à meilleur marché.

Il faut le reconnaître, la petite propriété, en France, se trouve dans
la situation la plus misérable. Tandis que l'Ecosse, l'Allemagne et la
Prusse monarchique et féodale possèdent depuis longtemps des institutions de crédit industriel et agricole, l'argent est resté en France
à un taux exorbitant. Privée chez nous de ces établissemens,
dévorée par l'usure, la petite propriété ne sait plus à quels expé-
diens recourir ; elle est sous le joug des marchands d'argent, heu-
reuse quand elle ne succombe pas au désespoir entre l'expropriation
et l'impôt, entre l'usurier de campagne qui est là guettant sa proie
et le percepteur ou l'huissier qui frappe à la porte !...

Si cet état de choses continuait, avant dix ans, la petite propriété
serait devenue la proie des capitalistes ; tous les citoyens qui possèdent aujourd'hui une maison ou quelques coins de terre seraient
retombés dans le prolétariat. Veut-on avoir un échantillon du bilan
de cette misère ? D'après des renseignemens émanant de l'administration de l'enregistrement et des domaines, la propriété foncière est
grevée de 4,688,862 inscriptions hypothécaires représentant un capital
de 11,259,265,778 fr. A cette somme énorme, ajoutez une somme au
moins égale pour les dettes sur billets et les impôts fonciers, et vous
aurez le passif exact de la propriété foncière, *soit plus de 22 milliards,
dont l'intérêt seul absorbe plus des* $^2/_3$ *du revenu net.* Voilà la position
déplorable qu'ont faite, en France, à nos propriétaires fonciers, les
exigences de la finance, les charges publiques et l'imperfection de nos
lois.

Initié chaque jour à la gêne, aux souffrances de la population des
campagnes par notre inexorable et inhumain métier, d'autant plus
prospère que la misère publique est grande, nous n'élevons la voix
que le cœur navré de douleur et intimement convaincu de la nécessité
absolue d'une réforme. Notre projet tend à cette réforme, heureux si
nous pouvons l'amener.

PROJET DE LOI.

ARTICLE PREMIER.

Il est établi, pour chaque canton de la République, sous le nom de *Banque hypothécaire*, une banque destinée à venir au secours des propriétaires fonciers, urbains ou ruraux, agricoles ou non, ayant besoin d'emprunter.

Les prêts seront faits aux petites fortunes comme aux grosses, depuis les fortunes immobilières de mille francs jusqu'à un million, et indéfiniment.

ARTICLE DEUX.

Ils auront lieu au moyen de *billets* dits *hypothécaires*, payables au porteur, emportant hypothèque sur les biens présens et à venir de l'emprunteur.

ARTICLE TROIS.

Le cours de ces billets sera forcé. Les caisses publiques seront tenues de les recevoir comme des espèces.

ARTICLE QUATRE.

Ils n'obligeront l'emprunteur au paiement d'aucun intérêt. Ils seront délivrés sans autres frais qu'un pour 0/0 payé comptant par l'emprunteur pour frais de bureau, d'expertise s'il est nécessaire, de registres et d'inscription hypothécaire.

ARTICLE CINQ.

Les billets hypothécaires devront être rendus ou payés dans le délai de cinq années.

ARTICLE SIX.

Ils n'indiqueront pas le nom de l'emprunteur, mais seulement un numéro d'ordre, le chef-lieu de canton où ils auront été délivrés et la date de leur création. Ils seront détachés par ordre numérique d'un livre à souche dont la contre-partie indiquera le même numéro que celui porté sur le billet, la date du prêt et le nom, la qualité et le domicile de l'emprunteur. Pour éviter toute contrefaçon, ces billets porteront à la marge un dessin multiple dont partie restera à la coupure sur le registre à souche et l'autre partie sur le billet, qui, du reste, sera fabriqué à l'instar des billets de la Banque de France.

ARTICLE SEPT.

Des livres à souche pourront être tenus au nombre de trois, suivant les besoins des localités, l'un pour des coupures de 100 francs, l'autre de 500 francs, et le troisième de 1,000 francs.

ARTICLE HUIT.

Les billets hypothécaires ne pourront être délivrés qu'aux emprunteurs qui justifieront de la propriété d'immeubles d'une valeur double des billets par eux sollicités, déduction faite de leurs charges hypothécaires.

ARTICLE NEUF.

La remise des billets hypothécaires sera faite par un conseil d'administration créé par chaque canton, chaque année, par la voie de l'élection, du juge-de-paix ou d'un de ses suppléans, d'un des huissiers du canton et du contrôleur des contributions directes ou du percepteur à la résidence du chef-lieu de canton.

Le conseil élira lui-même son président.

Le président, comme les membres, seront toujours rééligibles.

ARTICLE DIX.

Les fonctions des conseils d'administration cantonnaux

sont purement honorifiques. Chaque conseil aura droit seulement à 500 francs de frais de bureau annuellement payés au moyen d'un prélèvement opéré sur le franc p. 0/0 mis à la charge de l'emprunteur pour tous frais par l'article 4 ci-dessus.

ARTICLE ONZE.

Les conseils prononceront sans appel sur la demande des emprunteurs. Ils apprécieront la possibilité du prêt, eu égard aux ressources immobilières de l'emprunteur, à ses charges hypothécaires, à ses principes d'économie, à sa sobriété et à son goût pour le travail.

Il ne devra surtout être tenu aucun compte, dans cette appréciation, de l'opinion politique de l'emprunteur.

ARTICLE DOUZE.

La délivrance des billets hypothécaires appartiendra au conseil d'administration du canton de la situation des biens, et non du domicile de l'emprunteur.

ARTICLE TREIZE.

Pour faciliter aux conseils d'administration cantonaux leur travail d'appréciation, tous ceux qui ont des hypothèques légales ou des priviléges seront tenus de les faire inscrire dans le délai de deux mois, à partir de la promulgation de la présente loi, sous peine de déchéance.

Les tuteurs et maris seront tenus de faire faire ces inscriptions, à peine d'être responsables personnellement de leur négligence vis-à-vis de leurs pupilles ou de leurs femmes.

Ces inscriptions pourront être faites aussi à la diligence de toutes personnes, des femmes, et des pupilles eux-mêmes.

ARTICLE QUATORZE.

Si un débiteur, après avoir remboursé, sollicite un nouvel emprunt, le conseil aura à décider s'il doit ou non lui accorder ce nouvel avantage.

Pour jouir deux fois de suite, sans intervalle, d'une remise de billets hypothécaires, l'emprunteur devra justifier au conseil qu'il a su tirer profit du premier prêt, et que ses affaires s'en sont améliorées.

ARTICLE QUINZE.

Les présidens et membres des conseils d'administration cantonnaux signeront les billets hypothécaires par eux délivrés.

Il ne sera pas tenu d'autres écritures que celles à faire sur le livre à souche, conformément à l'article 6.

ARTICLE SEIZE.

L'inscription de l'hypothèque résultant de la délivrance des billets hypothécaires sera faite à la diligence du président du conseil d'administration cantonnal qui aura fait le prêt. Elle aura lieu sans délai dans la forme suivie pour les inscriptions hypothécaires ordinaires.

Le numéro des billets remis à l'emprunteur sera indiqué, pour ordre, dans les bordereaux déposés.

ARTICLE DIX-SEPT.

Lorsqu'un emprunteur ne paiera ou ne rendra pas, dans le délai de cinq années, les billets à lui accordés, ou lorsque ses ressources immobilières se trouveront épuisées aux deux tiers, soit par les charges hypothécaires anciennes existantes et les charges nouvelles résultant de la remise de billets hypothécaires, soit par la remise seulement de pareils billets, commandement lui sera fait à la requête du procureur de la République, agissant dans l'intérêt de tous, de payer ou rendre les billets hypothécaires dans le délai de quinze jours ; faute de ce faire dans ce délai, ses biens seront vendus à la même requête, aux enchères, sans bougies, devant un des notaires du canton de la situation choisi par le procureur de la République, poursuivant la vente.

Il ne sera pas rempli d'autres formalités que celles-ci, savoir :

1° Une seule apposition d'affiches judiciaires, avec deux publications à son de caisse par le tambour de la commune de la situation des biens, pour les biens ruraux valant moins de

50,000 fr., d'après le revenu indiqué sur la matrice cadastrale multiplié par 200; 2° une apposition d'affiches judiciaires et une insertion faite par le notaire dans le journal de l'arrondissement, à la place des publications à son de caisse, pour les biens urbains et les propriétés rurales d'une valeur de 50.000 fr. et au-dessus, calculée de la même manière; 3° une simple sommation d'assister à la vente signifiée, huit jours avant, au débiteur et à ses créanciers hypothécaires inscrits, *sans autre procédure :*

L'affiche, rédigée par l'huissier, servira de procès-verbal de saisie.

ARTICLE DIX-HUIT.

En cas de vente, soit volontaire, soit forcée, faite avant le remboursement ou la reddition des billets, l'acquéreur paiera son prix à la caisse du receveur particulier de l'arrondissement des biens.

L'acquéreur ne sera valablement libéré qu'en payant de cette manière.

ARTICLE DIX-NEUF.

Le prix ainsi consigné sera distribué entre les créanciers hypothécaires dans la forme ordinaire; seulement les bordereaux de collocation, au lieu d'être délivrés sur l'acquéreur, le seront sur la caisse du receveur particulier des finances de l'arrondissement, comme lorsqu'il y a eu consignation.

ARTICLE VINGT.

Par le règlement définitif de l'ordre, le receveur particulier sera autorisé à conserver dans ses mains, sur le prix de vente, une somme égale à l'importance des billets hypothécaires délivrés au vendeur.

Ce n'est qu'à partir de ce moment que les porteurs des billets pourront en exiger le paiement.

Ils devront pour cela s'adresser toujours au receveur particulier de l'arrondissement dans lequel se trouve placé le conseil d'administration cantonnal qui aura délivré les billets.

Ce receveur paiera les billets au fur et à mesure de leur présentation.

ARTICLE VINGT-ET-UN.

Ils les annullera par la mention faite dessus, en gros caractères, du mot : *remboursé,* et les enliassera pour être remis au vendeur à sa première réquisition.

ARTICLE VINGT-DEUX.

Le débiteur qui voudra rembourser le fera, soit en rapportant ses billets au président du conseil cantonnal qui les aura délivrés, soit en les payant à la caisse du receveur particulier du même arrondissement.

Dans ce dernier cas, le receveur particulier remettra au débiteur un récépissé de son versement, en attendant la rentrée des billets qui, lors de cette rentrée, seront annulés et enliassés pour lui être rendus, à sa réquisition, comme en cas de vente.

ARTICLE VINGT-TROIS ET DERNIER.

Toutes lois contraires aux présentes sont abrogées.

AVANTAGES ET DÉSAVANTAGES DU PROJET.

Un des principaux avantages du projet, c'est de procurer aux propriétaires fonciers *la monnaie* en quelque sorte de leur fortune, *sans payer d'intérêts ni de frais d'actes de notaire;* c'est de les soustraire par là, pour toujours, à l'exploitation de l'usure, devenue une des plus grandes plaies de notre civilisation. Quelle différence de ne payer aucun intérêt, ou d'emprunter à 12, 15 ou 20 % !...

Ce projet, créé en vue de venir au secours notamment des petites fortunes des campagnes, a cet autre avantage qu'il peut s'appliquer aussi aux gros propriétaires fonciers et aux industriels fortunés des villes. Sous ce rapport, on peut dire qu'il est d'un intérêt général.

Les billets hypothécaires offrent plus de garanties que les billets de banque même, qui jouissent pourtant d'une assez grande confiance. En effet, les discussions et le vote qui ont eu lieu, au mois de décembre 1849, devant la Chambre législative, ont révélé que, dans certaines circonstances, l'émission des billets *d'une valeur excédant l'actif de la Banque* peut être autorisée... D'un autre côté, tout le monde sait que les billets de banque n'ont pour garantie que les valeurs métalliques déposées dans les caves de la banque ou représentées par les valeurs en portefeuille. Eh bien ! rien n'est fragile comme la possession d'une chose mobilière ; un incendie peut détruire cette chose, des troubles civils peuvent la faire disparaître. Tandis que la terre est toujours là : elle ne peut échapper. Les billets hypothécaires garantis par elle participent donc de son caractère immuable.

Ils ne présentent pas les dangers du papier-monnaie de notre première révolution. Ce dernier papier n'avait pour garantie que les biens de l'église ou ceux des émigrés, confisqués par le gouvernement révolutionnaire. La propriété n'en était pas certaine dans les mains des acquéreurs qui craignaient d'en être évincés par l'effet d'une contre-révolution. Cette éventualité, en ne laissant pas aux acquéreurs des biens nationaux la sécurité désirable, ôtait au papier-monnaie toute valeur. Il n'en est pas de même de nos billets hypothécaires ; ici le gage est certain ; la propriété sur laquelle ils reposent, inviolable. A la différence du papier-monnaie, dont la création s'augmenta successivement au fur et à mesure de sa dépréciation et des besoins du gouvernement, nos billets hypothécaires ne peuvent être émis que dans une proportion fixée d'avance par la loi, la moitié des biens, laissant ainsi derrière elle un gage encore suffisant pour répondre tout à la fois d'une baisse imprévue dans la valeur des terres et des frais d'une poursuite de vente et d'une distribution judiciaire. Ainsi, sous le rapport de la sécurité, rien à craindre ; les billets hypothécaires doivent inspirer au public toute confiance, plus même que les billets de banque.

La création des billets hypothécaires, tout en fournissant à l'emprunteur l'immense avantage *d'emprunter sans payer d'intérêts ni de frais d'actes de notaire et autres accessoires inventés par l'usure*, pare encore aux éventualités d'une disette d'espèces. Avec cette ressource, l'argent français peut passer à l'étranger sans un inconvénient bien grave pour le commerce français : la propriété immobilière ne pouvant, comme les espèces, se déplacer, permettra toujours au consommateur gêné de battre monnaie suivant ses besoins.

Les billets hypothécaires ne portent pas de noms, mais seulement un numéro d'ordre. Dès lors pas de honte à s'en servir pour celui qui aura à les offrir dans ses négociations ou acquisitions. Celui qui recevra le billet ne saura pas, au moment où il lui sera donné, si celui qui le lui présente est le débiteur du billet ou s'il l'a reçu d'un autre ; circonstance qui peut paraître indifférente à ceux qui jouissent de la confiance du public, mais qui a son importance pour l'emprunteur gêné, toujours disposé à cacher son embarras, surtout à celui avec lequel il débat un marché.

Les billets hypothécaires sont destinés à moraliser le peuple, parce qu'ils ne seront accordés qu'aux citoyens tout à la fois laborieux, sobres et économes. Cet encouragement ne sera répété qu'autant qu'ils justifieront en avoir su profiter.

Notre projet, en rendant l'argent moins nécessaire, en détruit la puissance. Il soustrait à jamais les débiteurs gênés aux influences électorales des hobereaux de la finance, et de tous les marchands d'argent en général ; à l'avenir, plus de ces marchés honteux dans lequel le vote pour tel ou tel est le prix d'un renouvellement d'échéances ou d'un répit.

Il met les débiteurs à l'abri de poursuites ruineuses. Il rend ces poursuites plus rares en fournissant aux débiteurs de plus grandes ressources. Ainsi moins de faillites, plus de confiance.

Le gouvernement n'étant nullement le directeur de notre banque hypothécaire, dont la gestion est confiée à un conseil cantonnal qui ne reçoit son investiture que des électeurs du pays, le projet a cet avantage, de présenter pour l'institution la plus grande stabilité, de rendre cette institution indépendante de tous changemens de gouvernement.

A la différence des autres projets, il est d'une application immédiate d'autant plus facile, qu'elle peut avoir lieu sans changer au préalable des titres entiers de nos codes. On se rappelle les lenteurs de l'instruction de la réforme hypothécaire proposée par Casimir Périer il y a près de vingt ans. Avec notre projet, on n'a pas à redouter la prolongation de ces lenteurs : c'est une édification, sans démolitions ; on n'a pas à craindre, comme l'exprimaient à M. le Président de la République MM. les délégués des départemens du Nord, le 29 décembre 1849, *que le secours du médecin n'arrive au malade qu'après la mort.*

Enfin le projet n'oblige à aucune avance. L'Etat n'a aucuns fonds à fournir. On ne le fait pas dans ce projet, comme dans beaucoup d'autres, le banquier de l'emprunteur. Le projet ne violente la volonté de personne. Il laisse aux capitalistes, comme par le passé, la libre disposition de leurs espèces. Il ne contraint pas les citoyens gênés dans leurs affaires à prendre des billets hypothécaires : ils peuvent encore emprunter par les voies ordinaires ; c'est une ressource qu'il leur offre, mais une ressource purement volontaire. Ils n'empruntent à personne, ils n'empruntent qu'à eux-mêmes.

En sollicitant la remise des billets hypothécaires, ils se procurent l'usage d'une chose indéplaçable, immobile, rendue portative, transmissible comme des espèces par la mobilisation qu'en a faite la loi : voilà tout.

Les notaires souffriront peu de notre projet ; car, s'ils font moins de prêts, ils feront plus de ventes. Le projet leur réserve d'ailleurs *spécialement,* pour ménager leurs intérêts autant que possible, la vente des immeubles des débiteurs qu'on sera forcé d'exproprier.

Si, après cet avantage qui leur est laissé, ils éprouvent encore quelque perte, nous le regretterons ; mais tout le monde comprendra que l'intérêt particulier doit céder devant l'intérêt général, et que la carrière des innovations utiles ne doit pas rester fermée devant de pareilles considérations. D'abord l'intérêt de la société ; les intérêts particuliers après !

Quant à l'Etat, il se trouvera aussi privé par notre projet des frais de timbre et d'enregistrement auxquels donnent lieu les actes hypothécaires faits par les notaires. Mais, si, sous ce rapport, il éprouve quelque perte, il en sera largement indemnisé par le produit des inscriptions des billets hypothécaires. En effet, les emprunts hypothécaires, d'après notre système de mobilisation de la propriété, étant bien moins coûteux que les prêts hypothécaires ordinaires, seront beaucoup plus nombreux que ces derniers, et rapporteront dès lors, par leur inscription, davantage au trésor. Cette augmentation dans le produit des droits d'inscription sera donc pour l'Etat une compensation. Cette compensation ne serait pas égale à la perte, qu'elle ne devrait pas être une pierre d'achoppement pour notre projet ; car, dans l'espèce, l'impôt pèse sur le nécessiteux, sur celui qui a besoin d'emprunter !... et nos idées de progrès ont fait trop de chemin, nos gouvernans sont trop justes, trop habiles, pour ne pas comprendre qu'il y a là nécessité d'une réforme : *L'impôt ne doit pas frapper un citoyen géné, parce qu'il est obligé d'emprunter !...*

D'ailleurs, empressons-nous de le remarquer, outre l'élévation du revenu des inscriptions, l'Etat trouvera encore dans notre projet un autre avantage. Tout ici n'est pas perte : il arrivera souvent que les billets hypothécaires mis en circulation seront présentés à la caisse particulière de l'arrondissement de leur création long-temps après leur échéance quinquennale. Les porteurs, ayant confiance dans le gouvernement, dépositaire du prix de vente des acquéreurs des biens hypothéqués, se presseront d'autant moins à venir réclamer le paiement en espèces de ces billets, que la négociation en sera toujours facile et fréquemment répétée ; d'où la conséquence que le Trésor pourra avoir pendant longtemps à sa disposition des fonds dont il n'aura à payer aucun intérêt. Ressource immense, inappréciable, en présence de la pénurie de nos finances.

Ainsi, sous le rapport des intérêts du Trésor comme sous le rapport des intérêts du notariat, l'adoption de notre projet ne présente pas d'inconvéniens bien graves.

Reste les capitalistes. Eh bien ! ceux-ci doivent comprendre que le temps des abus est passé, que l'argent ne doit pas jouir à lui seul de tous les avantages. Ils placeront leurs fonds dans l'industrie ou dans les mains de l'Etat ; ils rendront ainsi service à leur pays. L'Etat a besoin souvent d'emprunter ; ils lui achèteront des rentes, non pas en exigeant de lui, comme ils le font aujourd'hui, un titre de 100 fr. pour 75 ou 80 fr., suivant le cours de la Bourse, mais 100 fr. pour un titre de 100 fr. L'Etat ne doit pas toujours être traité par eux comme l'est le plus mauvais des débiteurs par l'usurier le plus vil, le plus corsaire. Si l'achat de rentes sur l'Etat à ces conditions ne leur convient pas, ils prêteront à d'autres. Ils peuvent être tranquilles, leur argent ne restera pas sans emploi. Malheureusement le papier-monnaie de la première révolution a fait trop de victimes pour que le souvenir en soit effacé. Beaucoup d'esprits craintifs, incapables d'apprécier la différence de nos billets hypothécaires d'avec l'ancien papier-monnaie, se défieront de notre invention, et comme le nombre des imbéciles, des ignorans, est beaucoup plus grand que le nombre de ceux qui raisonnent, que les lumières se répandent lentement, on donnera encore pendant longtemps la préférence aux espèces sur le papier-monnaie, quelque sûr d'ailleurs qu'il soit. Les capitalistes auront, il est vrai, dans la banque hypothécaire, un concurrent, mais un concurrent loyal, sage, qui ne se ruinera pas pour courir les affaires et les accaparer à leur préjudice.

L'intérêt de leur argent diminuera peut être ; c'est possible. Il pourra bien ne rapporter que 2 1/2, 3 % au plus ; mais, en vérité, quel mal y aura-t-il à cela ? Si l'argent est meilleur marché, les malheureux en profiteront. Est-il juste, d'ailleurs, que le capitaliste, qui ne travaille pas, trouve pour son argent un revenu plus élevé que le produit donné par la terre à celui qui l'arrose toute l'année de ses sueurs !...

Les capitalistes raisonnables comprendront la nécessité d'une amélioration, et que mieux vaut un sacrifice imposé par une réforme sage et modérée, que celui qu'impose souvent d'une manière injuste, et toujours illégale, dans l'exaltation de la victoire, l'émeute ou l'insurrection !... regrettables combats où presque toujours est sacrifié celui qui a à celui qui n'a pas !

Notre travail est une simple ébauche ; il suffira pour faire comprendre l'idée mère du système exposé. Puisse-t-il être le germe d'une amélioration. C'est là toute notre ambition.

Notre projet, fait pour ceux qui possèdent des immeubles, pourrait être appliqué à ceux qui n'en possèdent pas, au secours desquels il est tout aussi indispensable de venir. Il suffirait pour cela de faire reposer la garantie des billets qui leur seraient délivrés sur des nantissemens mobiliers, à défaut de biens susceptibles d'hypothèques. On ouvrirait une espèce d'entrepôt où la population industrielle ou commerçante pourrait trouver, comme au Mont-de-Piété, des prêts sur gages. Seulement, au lieu de leur remettre des espèces, comme dans ce dernier établissement, on leur remettrait des billets au porteur, détachés, comme nos billets hypothécaires, d'un livre à souche, sans indication du nom de l'emprunteur. Ces billets seraient assimilés par la loi aux *billets hypothécaires*, et auraient, comme eux, cours forcé. Ce serait, en quelque sorte, la petite monnaie en papier des billets hypothécaires de 500 et de 1,000 fr.

Ces petits billets auraient cet avantage sur les espèces remises dans les Monts-de-Piété, qu'ils n'obligeraient les emprunteurs *à aucun intérêt*, puisqu'on ne leur remettrait pas d'argent. Reposant, comme les billets de banque, sur un gage mobilier, ils offriraient la même garantie que ces billets. Au moyen de cette institution, les commerçans et les industriels qui n'ont pas d'immeubles à hypothéquer, pourraient trouver dans les marchandises dont ils ne rencontreraient pas le débit, ou dans une partie du matériel de leur exploitation rendue inutile dans leurs mains par le chômage de leur industrie, des ressources momentanées qui les empêcheraient, pour parer à leurs besoins les plus pressans, de vendre ou de fabriquer à vil prix. Par suite, les baisses du salaire deviendraient plus rares pour les ouvriers, les grèves moins communes. Dans les grandes crises commerciales, les ouvriers pourraient travailler moins que dans les temps de prospérité, il est vrai, mais enfin ils pourraient travailler, sinon beaucoup, du moins un peu.

Ces entrepôts industriels seraient d'ailleurs ouverts pour les ouvriers comme pour leurs patrons ; chacun y puiserait dans les limites des garanties qu'il pourrait offrir. Notre projet, ainsi étendu, favoriserait donc tout le monde, sans exception : ceux qui possèdent comme ceux qui ne possèdent pas. Qu'on l'applique d'abord aux propriétaires fonciers si l'on veut, avant de l'appliquer aux citoyens non propriétaires ; mais qu'au moins on l'expérimente. Ceux qui souffrent sont trop intéressans pour qu'on les abandonne à leur misère.

Clermont (Oise). — Imp. de E. Heannent.

www.ingramcontent.com/pod-product-compliance
Lightning Source LLC
LaVergne TN
LVHW010258030726
842520LV00007B/3000